오늘밤 꽃기린

김지원 시집

청옥

오늘밤 꽃기린

시인의 말

떨어진 꽃잎 세다
다시 꽃을 기다리는 시간

연못에 수도 없이 피어난 물별
멍하니 내려다보다 눈물꽃 심는 시간

누군가의 젖은 마음 한 자락
애잔한 목소리로 연민을 읊조리는 시간

슬픔이 꼬닥꼬닥 말라가는 시간
허기가 슬픔을 이기는 시간

그러다 와인 한잔 생각나는 시간

라르고에 멈칫거리는 묵직한 첼로 선율에
문득 밤이 스며든 시간

삶이 쓸쓸할 때
사랑이 외로울 때

나의 시어는
작은 위안
또는
마음의 노래 한가락

다시 꽃을 기다리는 시간에

김지원 쓰다

목차

제1부 하얀 꽃기린 타고

시선을 걸쳐놓다 ·················· 13
대상포진을 앓다 ·················· 14
하얀 꽃기린 타고 ·················· 15
석별 ······························· 16
연화리에 밤이 오면 ················ 17
사각지대 ··························· 18
혼술 ······························· 19
붕대와 달 ·························· 20
비의 숲 그리고 고독 ··············· 22
거제도에서 ························· 24
마지막 인사 ······················· 26
첼로를 마시다 와인을 듣다 ········ 27
검은 기억 위에 피는 바람 ·········· 28
느린 숨결을 걷다 ·················· 30
간절곶, 우체통에 기대어 ·········· 31
기장시장에서 ······················ 32
물미역 ····························· 34
붉은 고백 ·························· 36
설편雪片 ··························· 38

제2부 낡은 꽃잎의 잔상

의식과 무의식의 중간쯤 41
거미의 식탁 42
눈꽃, 속내를 읽다 43
붉은 강 44
벗굴 45
오늘 점심은 돼지국밥 46
낡은 꽃잎의 잔상 48
어느 여름날의 고해 49
봄볕 50
빗방울 대롱대롱 52
달 가는 길 53
흰여울 문화마을 31번지 54
여자의 일생 55
봄의 꼬드김 56
서운암 장독 58
석불은 아직도 60
소국 61
자목련 62
그녀는 장미였습니다 63

제3부 행복은 보이는 것보다 가까이에 있다

봄의 온도 ············· 67
딸에게 ············· 68
행복은 보이는 것보다 가까이에 있다 ·· 70
오월이 왔다 ············· 72
구름이 하트야 ············· 73
양귀비 붉은 입술 ············· 74
땅콩이 ············· 75
괜찮아 ············· 76
수미감자 ············· 77
새벽 야시 ············· 78
햇살 ············· 80
갱년기 ············· 81
멍게의 유혹에 빠지다 ············· 82
빨래를 널다 ············· 83
부디 ············· 84
가피加被를 입다 ············· 86
雪, 소금 ············· 87
팥죽 한 그릇 ············· 88
엄마의 마당 ············· 90
손 편지 ············· 92

제4부 은행잎 지는 숲길에서

깡통커피와 시인들 ·············· 95
은행잎 지는 숲길에서 ·············· 96
Whiskey on the Rock ·············· 98
기장역 벚꽃 ·············· 100
느린 우체통 ·············· 101
연화리의 하룻밤 ·············· 102
무화과꽃 ·············· 103
봄 ·············· 104
모꼬지 ·············· 105
빗소리 따라 걷는 통도사 ·············· 106
을숙도에서 ·············· 107
저녁연기 ·············· 108
노트북 ·············· 110
그녀의 생일 케이크 ·············· 112
주식 ·············· 113
고단한 하루 ·············· 114
알바 일기 ·············· 115
오해와 진실 ·············· 116
감천마을 파랑 주의보 ·············· 117

[해설] 재현의 미학, 일상 속에서 피어나는
　　　 연민의 꽃봉오리 |정익진| ·············· 118

제1부
하얀 꽃기린 타고

이 급박한 세상에서

가끔은 멈추어 바라보게 하는

청순함

시선을 걸쳐놓다

유난히 창밖이 투명한 오후
사무실 건너편 베란다에 널려있는 빨래
낡고 헤진 바짓가랑이에 시선이 걸린다

멋도 없이 배만 불룩 나왔을 거 같은
걸린 옷의 주인을 대충 그려보다가
부질없는 생각을 빨랫줄에 걸쳐 놓았다

사무실 화단 동백은
눈물이 마른 창백한 얼굴을 숙인 채
바닥에 널브러져 있는 꽃잎 내려다보며 하릴없다

그런 동백을 바라보다
나도 도리없이
허공으로 멍한 시선을 걸쳐놓았다

대상포진을 앓다

밤새 모래알을 털어내다가
눈을 떴습니다

낙동강 하구
붉게 타오르는 낙조에 물든 모래톱이
얼굴에 생겨났습니다

귀 앞쪽과 뒤쪽으로
도요등과 백합등이 자리를 잡고
신자도와 장자도와 대마등이
목선을 타고 차례차례 앉았습니다

철새들이 모이를 쪼아 먹는지
간질간질 따끔따끔합니다
내 손이 자꾸 모래톱을 찾습니다

하얀 꽃기린 타고

볕 잘 드는 베란다 창가에 둔
샛빛처럼 온 선물 하나

뾰족뾰족 가시 돋은 긴 줄기 끝
애틋한 꽃망울
청순한 눈빛의 꽃기린이다

창을 반쯤 열어 놓자
바람결 묻어오는 평원의 기억에
목 길게 빼고 엉거주춤하다

원시의 방목을 동경하는
희고 푸른 눈망울
고난의 깊이를 가늠할 수 없다

오늘 밤 꽃기린 한 마리가
봄 속으로 들어왔다

석별

머뭇거림은
집착의 또 다른 이름이고

이별은
때로 삶이 건네는 물음이다

이미 떠나기로 한 사람 앞에
눈물은 무력하고

미련은
시간을 부정하려는 마음의 반역이다

닻을 올린 배를 향해
고요한 미소로 손을 흔들라
사
람
아

연화리에 밤이 오면

연꽃무늬 비단 폭 산봉우리에 노을
연죽교에 그림자로 걸터앉으면
연화리 횟촌에 하나둘 불이 켜진다

아랫집 옥상에 걸린 해녀의 해진 옷들
간간이 불어오는 해풍에
고단함을 해감하는 초저녁잠이 뒤척인다

해녀촌 골목에 나앉은 길냥이 눈에도
어둠 마중하는 포구의 등대에도
정착하지 못하는 불빛이 걸린다

별빛, 파도에 쓸려오는 연화리 깊은 밤
바람이 데려다 놓은 하얀 민들레
새벽을 기다리며 불을 끄고 앉아 있다

사각지대

거동이 불편한 노모와
거동이 더 불편한 아들이 살아온 판잣집

빈곤한 세간살이가 음침하다
끼니는 언제 챙겨 드셨는지 흔적조차 없다

거동이 불편한 늙은 자식을 수십 년 세월 돌보다
그만 자리에 몸을 누이신 노모

어떻게 눈을 감으셨을까?

차마 가시는 길
신겨놓은 마지막 양말은
홀로 남은 아들을 지켜주지 못했다

뉴스로 확인하는 가슴 아픈 두 주검

아무도 관심을 두지 않은 판잣집엔
채 잠그지 못한 수돗물만이 쫄쫄쫄
합동 장례를 알리고 있다

혼술

심드렁하게 비 내리는 저녁
혼밥을 하려다 대신 놓은 술잔

깨금발로 다가와 앉는 음악
식탁 위 불빛 적당히 쓸쓸하다

굳이 너의 말 듣지 않아서 좋고
하기 싫은 말 내뱉지 않아서 좋다

애써 너의 마음 헤아릴 필요도
굳이 내 맘 알아 달라고 하지 않아도 된다

말을 걸려다 침묵으로 돌아앉는 어둠
술잔 홀로 생각 깊다

울컥, 눈물 한 방울
오히려 마음 편안해지는 술 한 잔

붕대와 달

달이 상처를 입었을까?

달에서 휘날리던 흰 깃발이었을까

그는 겸연쩍게 웃으며 손등에
붕대를 감고 있었다

그가 손바닥을 펴면
이마에 붕대를 두른 달이 떠오를 것이다

달에서 흘러내리는 붕대는 달무리가 되었다

은빛 침묵으로 떠오르는 의식의 잔상
금목서 아련한 향기 가을 가지에 널어 두고
천천히 인간이라는 궤도를 벗어난다

그리고,

그는 또 다른 행성이 되어
영원히 해석되지 않는 문장처럼
우주를 떠돌 것이다

비의 숲 그리고 고독

숲은 오래전부터 울고 있었다
아무도 듣지 못했을 뿐
바람은 말을 잃었고
하늘은 검게 꺼져가며
마침내 비가 내렸다

빗방울은 나무의 기억을 두드린다
수십 년 수백 년 전의 침묵이
잎맥을 타고 내려와
뿌리 밑 어둠에 스며들고
나는 그 위에 서 있다

사라진 이름처럼
말라버린 목소리처럼
진창으로 변한 숲길을
신음처럼 밟으며 걷는다

무너진 나날들 말끝마다 삼켜낸 고독이
땅의 숨결 속에서 되살아난다

나뭇잎은 죽은 별처럼 흔들리고
돌은 무덤처럼 젖어간다

나는 그 속에서
가볍지도, 견딜 수도 없는
비로소 진실해진다

그리고 안다
이 숲이 나를 기억하지 않아도
이 빗속에서
잠시나마 살아 있었다는 것을

거제도에서

여름과 가을 사이 며칠째 계속되는 늦은 장마
우울을 뚫고 거제도에 다녀왔습니다

해무는 연인처럼 산허리를 감아 수묵화를 그리고
작은 섬들은 수면 위에 다정하게 앉아있었습니다

어둠이 내린 옥포 밤 바닷가에 한참을 서 있었습니다

당신이 내게 오듯 포구에 달려와 뱃머리를 때리는 파도
바닷가 풀잎과 나뭇잎에 흘러 다니던 휘파람 소리
나는 금방 외로워져 돌아와 누웠습니다

휘파람 소리가 공중에 떠다니는 불면의 밤이었습니다

잠깐 선잠에 빠졌었는지
고향 집 바지랑대에 걸린 흰 빨래와 흘러가는 구름
그 아래 휘파람을 불며 지나는 소년을 보았습니다

거제도에서 하룻밤 내내 몽유夢遊에 시달리다가
한 번도 본 적이 없던 옛 소년의 아련한 휘파람을
가슴 한켠에 담아 꼭 안고 왔습니다

마지막 인사

널 추억 속에 묻으러 가는 길
한 생이 닫히는 허무한 시간에도
바람결 국화 향기 한가롭네

거짓말처럼 눈이 부신 햇살
이승에 남겨둔 네 표정처럼 해맑아
마지막 인사는 차마 건네지 못하네

헌화를 위해 줄지어 꽃 핀 길에서
허공에 띄워 보내는 아픈 이름
꽃으로 장식한들 가벼운 이별이 되랴만

사진으로만 남겨질 네 눈빛
눈물로 배웅하고 돌아오는 내내
뒤밟아 오는 그리움 어쩌지 못하네

첼로를 마시다 와인을 듣다

녹슨 문에 매달린 초인종을 누르는 빗줄기
인기척이 없는 마당은 늘 공허하다

자귀나무꽃 속눈썹이 젖는 사이
파열음의 모서리는 날 선 통증을 앓는다

고백하지 않고서는 견딜 수 없을 만큼
넘실넘실 범람하는 첼로의 절절한 선율

와인잔에 채워지는 나르시시즘의 붉은 혀가
몽롱해지는 눈동자를 핥는다

예민한 와인의 귀가 열릴 때마다
은밀하게 흘러드는 저음의 변주

오랫동안 라르고로 이어지는 우울함에
첼로의 성숙한 입술이 붉어진다

검은 기억 위에 피는 바람

바람이 분다
제주 섯알오름 언덕 위로
억새는 흔들리며
무언가를 말하려 하지만
입을 다문 건 오래전 사람들이다

이곳엔 말 없는 눈물 무덤이 있고,
이름조차 부르지 못한
그날의 아이들과 어머니가
산으로 오른 발걸음이
바위틈에 아직도 숨어 있다

초가을 햇살이 너무 밝아
그림자마저 죄스러워
차마 깊게 드리우지 못하고
발끝으로 조용히 걷는다

검은 눈물을 삼켰을 섯알오름
그러고도 푸르른 풀을 피우는

그 강인함 앞에
한 줌의 침묵으로 선다

느린 숨결을 걷다

흰여울 마을 언덕
햇살은 바다 위에 마음을 풀어놓고
그림처럼 자리 잡은 집들 사이 바람이 맴돌고
창가의 꽃 한 송이
누군가의 사연이 피고 졌으리라

하늘과 바다가 맞닿는 날
골목길을 따라 걷는다

녹슨 난간 밀려오는 파도 소리
그 아래 부서지는 건
잊힌 추억일까
아직 말 못 한 마음일까

앞서 걷는 노인의 굽은 어깨 위로
겹겹의 날들이 느린 숨결로 흘러가고

조개껍데기처럼
투박하지만 전혀 투박하지 않은
누군가의 기억을 묵묵히 따라 걷는다

간절곶, 우체통에 기대어

간절곶 푸른 우체통에
등을 기대고 선
속눈썹 끝 수평선은 고요하다

전할 이도
기다릴 사람도 없는 하루
이런 심심한 인생이라니

바다로 뛰어내린
흰 등대에 걸려있던 햇살
반짝이는 윤슬과 갈매기의 노래

이런 날은
왠지 햇살도 바다도 아깝다는 생각에
수평선을 바라보다

문득,
비어 있는 인생의 행간을 향해
저 멀리 묵직한 몸을 이끌고
돌진해 오는 고래 한 마리 생각해 본다

기장시장에서

새벽 샛빛 받으며
대목장이 열리는 시장 상인들의
손놀림이 바쁘다

방금 목욕하고 나온 생선과
물기를 적셔놓은 채소는
촉촉하게 하루를 시작하고

고무대야 속 해물들은
연신 공기 방울을 뿜어내는 산소통을 의지하며
아침을 연다

먹구름이 데리고 온 소낙비에
시장 골목엔 시냇물이 흐르고
민주네 문어 한 마리 탈출을 시도한다

내가 아주 어릴 때
집 앞 골목에 비가 내리면
조막만 한 발뒤꿈치를 맞대고
흘러가는 빗물을 가두고 서 있었다

그때 빗물이 모인 그곳에
고래 한 마리 데려다 놓고 싶다는
꿈을 꾸곤 했었다

오늘 나는
큰 발뒤꿈치 맞대고 서서
빗물에 탈출한 문어 한 마리 가두었다

물미역

휴일 아침
친구가 물질해서 따다 준 거라며
풋풋한 물미역 한 줌을 들고 온 오빠

문득
어린 시절이 파도처럼 밀려온다

엄마는 물미역 돌돌 말아
초고추장 찍어 드시곤 했다
입안 가득 퍼지던
그 시원하고 짭조름한 바다 향

"그게 맛있어? 무슨 맛이야?"
물으면

"응, 향긋한 바다 맛이야."
하고 웃으시던 엄마

오빠 손에 들린 물미역에서
문득 젖 냄새 밴 엄마 품이 떠오른다

차가운 바닷속에서 건져 올린 그리움 하나

엄마의
그 향기, 그 미소
그리고 그 아침

붉은 고백

갑작스레 울린 전화 한 통
오랜 이름이 화면에 떠올랐다

적당한 중년의 느낌
시간이 흘렀다는 걸
눈가의 쌓인 이야기들이 말해주었다

우린 다른 동창들의 어린 시절을
소환해 놓고 깔깔거리며 즐거웠다

"기억나? 학교 운동장 등나무 아래
네가 웃을 때마다 내 심장이 뛰었어."

"정말"
입가에 번지는 웃음이
괜스레 창밖 햇살처럼 따스했다

학창 시절 말 못 했던 고백이 붉어지는 순간

그날의 커피는
조금 더 달고
조금 더 오래 기억될 것 같았다

설편雪片

첫눈 내린 날

허리 휜 주목에도
잠든 고사목에도

밤사이 눈꽃이 피었습니다

숨죽인 가지 끝

천사가 내려와 앉으면

순결한 사랑이 꽃피고

제2부
낡은 꽃잎의 잔상

다정한 말 한마디 건네지 못하지만
늘 기도하며 서 있다는 것을

의식과 무의식의 중간쯤

병실 천장이 노랗게 일렁이다 쏟아진다

만추의 낙엽처럼 유분기 없이 바스락거리는
몸통이 궁금해서 노크라도 하는 걸까
노란 액체 방울 똑, 똑,

냉정한 세상 틈바구니에서 이방인으로 떠돌다가
섬처럼 뜬 쓸쓸한 병원 침상까지 밀려와
"안녕하십니까"를 확인하는 중이다

아지랑이처럼 어른거리는 현기증은
헐렁한 환자복 때문에 일어나는 착시일지도

내내 잊고 있었던 쉼표를 애써 기억하는 동안
사분사분 말 건네는 어둠과 푸른빛 사이
소독약 냄새가 스며든다

거미의 식탁

육식성이라 이슬을 싫어합니다

사는 일이
어긋난 허공을 갈지자로 이고 지고
공중을 건너다니며 먹이를 거두는 일입니다

그물에 바람을 널어놓고
그늘에 숨어
우연이 인연으로 엮이길 기다리는
공중의 생입니다

허기는 수시로 흔들리고
편식으로 검게 말라가도
산 입에 거미줄 칠까?

이런 경구를 움켜쥐고 견디는
공중에서
갈지자 길을 놓고 건너다니는
육식성에 때론 바람도 조용합니다

눈꽃, 속내를 읽다

통도사에 눈 내리는 소리를 들어본 적 있나요

땅과 하늘 사이 아득한 틈
영혼과 육신의 틈
잡념과 평온, 그 사이로 눈이 내립니다

자장매와 만첩홍매와 분홍매 언 가지에
송이송이 눈꽃
뭇 중생 헤아리는 마음인 양
용화전 앞 봉발탑에 고봉으로 앉습니다

하얀 숨결 내쉬며
금강계단 바라보며 합장을 올립니다

손가락에 닿은 눈처럼
구룡지에 녹아
이듬해 수련으로 곱게 피어날 것입니다

붉은 강

가을볕 스며든 오후
은밀한 상처에 은유가 배어든다

떡갈나무 아래 낡은 벤치
그 위에 비친 짙은 그림자
방랑자의 입술처럼 슬픔이 포개지고

강렬한 갈증과 혼란의 서사
단풍은 숭고한 마지막 숨결을 태우고
영원한 안식을 갈구했다

텅 빈 문장 사이
야위어가는 행간에 가을 한 줌
노을빛 붉은 강에 빠져 허우적거린다

벚굴

벚꽃 터질 때쯤
섬진강엔 벚굴 꽃이 핀다

강물과 바다가 만나는 물속
뽀얀 속살 내 보이며 유혹하는 몸짓이
벚꽃을 닮았다 하여 벚굴이란다

내 손바닥보다 큰 벚굴 하나
연탄불에 구워 한 입 베어 물면
꽃잎 따다 입에 문 듯 은은한 향
입속으로 벚꽃 한 송이 핀다

누가 다녀갔는지
어느 절간 앞마당에 있을 돌탑 옮겨 놓은 듯
마당에는 벚굴 껍질 탑을 쌓아놓고

꽃바람 지나가는 봄날
섬진강 기슭에 벚굴 향 파문이 인다

오늘 점심은 돼지국밥

동해선 기장역에
찬바람 안고 겨울이 따라 내린다

몇 개월 만에 찾은
설 대목 시장

난전에서 생선 팔던 욕쟁이 할매는
막말하다 결국 고소를 당했고
채소 파는 젊은 여자와도
등을 졌다고 한다

태양상회 여주인은 혼자 넘어져
팔에 깁스하고 있다

시장을 찾는 사람 수만큼이나
사연도 많다

그러거나 저러거나

언 손을 손난로에 녹이며
오늘 점심은 뭐 먹지?

찬바람이 훑고 지나간 시장 바닥

살얼음 같은 사연을 밟으며
돼지국밥 쟁반을 머리에 인 여자가
시장 사람들 허기 채우기에 바쁘다

낡은 꽃잎의 잔상

책장을 정리하다가 빛바랜 추억 하나 주웠다

책갈피에 눌린 꽃잎 몇 장
햇살에 비친 먼지 사이로
페이지마다 스며든 애틋한 향기
상처 입은 색깔에도 미소 번진다

어느 봄날이 연초록으로 번져갈 무렵

못자리 논에서 개구리 합창하면
이팝나무 아까시나무 찔레도 피고
산딸나무 때죽나무 꽃 피어
하얀 꽃바람 실려 오는 저편 기억

꽃잎 하나 건네주며
휘파람 불던 소년이 웃고 있다

다시 펼쳐진 책갈피 속 하얀 꽃물 들어
우리의 이야기 풋풋하다

어느 여름날의 고해

눈부셨던 그날의 태양
가슴속 오래된 그림자를 비추었다
우린 말없이 해변을 걸었다

해무 속에서 머뭇거리던 감정은
언제부턴가 방향을 잃고
바다는 그것을 알고 있었다

갯바위에 부딪혀
하얗게 부서지는 파도
부서진 건 파도만이 아니었다

달빛이 어둠을 스미듯 내려앉자
너는 천천히
그러나 망설임 없이 떠났다

나는 말없이 그 자리에 남아
짙어지는 어둠속으로 너를 떠나보냈다

봄볕

모처럼 맑은 바람 들여놓고
어질러 놓은 약봉지를 정리하고
청소기 돌려 마음 깨끗해지면

토마토 스크램블 뚝딱 만들어
우리 집 강아지도 조금 나눠 주면
저도 행복해 꼬리를 살랑거리겠지

적당히 따뜻한 물로 샤워하고
옅은 향수 살짝 뿌리고
며칠 동안의 걱정으로
아침저녁 안부를 물어 준 그녀를 만나

벚꽃잎 바람에 날려
꽃비 난분분한 길을 걷다가
금잔화 차향 은은한 찻집에 마주 앉아

연분홍 립스틱이 잘 어울리는
그녀의 봄볕 이야기 들으며 벙글거리고 싶다

바이러스 감염으로
몸이 갇혀 지내는 며칠
그녀와 만날 날이 더욱 기다려진다

빗방울 대롱대롱

우르르 쾅쾅
쏟아져 내리는 폭우에
새벽녘까지 잠을 설치고
눈 비비는 아침

비 그친 베란다 난간에
줄지어 매달린 빗방울
간밤에 그 엄청난 일을 겪고도
참 해맑게도 매달려 있다

겁많은 바람 멋쩍은 웃음 화답하듯
맑은 미소 함초롬하다

두루마리구름 걸린 고층 아파트
난간에 대롱거리는 물방울
떨어질까 두 손으로 받아 들었다

달 가는 길

빌딩 사이 달그림자 어른거리면
불콰한 낯빛으로
시름 터는 퇴근길 술집

사랑에 허기진 술잔으로
'위하여'를 외치지만
기댈 어깨는 돌아앉는다

취한 그림자 업고 걷노라니
낡은 구두코에 앉은
파리한 달빛 애잔하다

비틀거리는 미로의 골목길
투덜투덜 잔소리가 마중 나온다

흰여울 문화마을 31번지

봉래산 기슭 여러 갈래 물줄기
바다로 굽이쳐 내리는 빠른 물살
흰 눈처럼 내려 흰여울 마을이란다

눈꽃 송이 내려앉은 듯
하얀 집들이 옹기종기 앉은
절벽 길 따라 펼쳐지는 바다 풍경

쉼 없이 밀려오는 잔파도
몽돌 위로 부서져 옥구슬을 뿌려댄다

저 멀리 남항대교 끝쯤에 보이는 송도 암남공원
땀을 뻘뻘 흘리며 올라가는 케이블카
한가로이 졸고 있는 정박한 어선들

여름 한낮 한가로운 영도 앞바다
흰여울 문화마을 31번지
창틀에 앉은 햇살 빙그레 웃고 있다

여자의 일생

연분홍 치마
봄바람에 휘날려 보지도 못한
그 여자

하얀 치마 갈아입고
처연하게
가을바람 되었다

봄의 꼬드김

볕이 좋아 거실 창을 열었다

먼 금정산 골짜기 바람
생강나무 꽃잎을 꼬드기다 그만 노란 물이 들었다

바람은 높은 건물 사이를 피해 다니며
산수유 꽃잎에 앉았다가
살피꽃밭 수선화에 앉았다가
싹을 틔운 지 얼마 안 된 버드나무 잎을 건드렸다가
온천천 물결에 주름을 만들다가

거실 창 사이를 비집고 들어와
겨우내 묵은 나를 꼬드겨 깨웠다

읽지도 않은 책들은 욕심처럼 쌓여있고
명절날 들어온 선물 상자 몇 개와
딸아이의 쇼핑 상자들이
밥을 잔뜩 먹은 배를 내밀듯 앉아있다

해묵은 장롱 안에는
수년이나 입지 않고 쌓아놓거나
걸어 둔 옷가지들

뱃속의 지방처럼 쌓인 집안의 물건들
봄맞이 기념으로 들고 나가
재활용 상자에 넣어야겠다

서운암 장독

장경각 부처님께 절하고
이팝나무 그늘에 앉아 숨을 고른다

햇살에 반들거리는 서운암 장독들
반짝이는 보살님 땀방울
문득, 어머니가 스친다

내가 새댁이라 불리던 시절
처음으로 어머니 도움 받아 담근 된장
늘 살펴봐 주신 우리 집 장엔
어머니 맛이 났다

항아리가 세월을 익히고 있을 때쯤
벼르고 벼르다 장만한 새 아파트에서
홀로 담근 된장

햇볕과 바람이 부족했던 것일까?
부정이 탄 것일까?
집안으로 어둠살이 젖어 들고
된장이 되지 않았다.

새집에서 부풀었던 꿈은 하릴없이 끝이 났고
어머니 떠나고 나는 된장을 담그지 않았다

오늘, 서운암에서 산 된장
잘 발효된 그리움이다

석불은 아직도

무량겁의 세월 걷고 걷다가
꼬박 밤을 샌,

앉았다 일어서면 향 내음 솔깃하고
질긴 인연, 마른 꽃으로 피어났을까

귀에 익은 바람 소리
손을 비비면 벽이 높고 높아졌다

이끼가 자랄 동안 마른 금도 자라고
푸른 물감 몇 방울

박수를 쳐야 하는데
싱거운 바람은 또 어쩌자고

벽을 뜯어내도 벽
몸뚱어리 그 너머

바람 한 올 한 올 풀어내다가
천년이 텅 빈

소국

한여름 같은 붉은 날씨에
추석 대목 알바가 시작되었다

해마다 이맘때쯤이면
생선 파는 여자의 생일이다

이른 아침 출근길에
케이크와 노란 소국 한아름 안고 갔다

가게 한 편에 놓인 노란 아가씨
앙증스러운 웃음

중천 붉은 태양과 시장 사람들도
환하게 웃는다

그 모습이 예뻐
정신없이 일하다가 슬쩍 눈길을 주면

수국에 눈길을 주고 있던
생선 파는 여자와도 눈이 마주친다

자목련

매초롬하던 홍매화 지고
수더분하던 백목련 질 무렵

바람이 놀다 간
하늘가에 내어 단 홍자색 꽃등

어릴 때 울 엄마 입으시던
치마저고리 닮았다

고목 끝 음전하게 핀 엄마꽃

그녀는 장미였습니다

붉은 꽃잎에 상처가 남았습니다

비가 오면
눈물을 품고
그녀가 웃습니다

말하지 못한 시간이
겹겹이 접혀 있어도

기다림은 너무 조용해서
눈물조차 꽃이 되는 순간

제3부
행복은 보이는 것보다 가까이에 있다

울지마라
울지마라
네가 피길 바라는 마음이
여기에 있단다

봄의 온도

겨우내 닫아둔 문 열어 먼지 툭툭 털고
내 몸에 묻은 먼지도 씻어내려
모처럼 목욕탕 가는 길

꽁꽁 얼었던 땅이 물기를 머금고
화단에 핀 매화 꽃봉오리 새초롬하다

말끔하게 씻고 나온 개운한 기분
남아있는 목욕탕 열기 탓인지
입고 간 털 조끼가 어색한 듯 내 시선을 피한다

차 안 공기가 답답해 창문을 내렸더니
살랑, 바람이 들어왔다

따뜻하다!

딸에게

첫눈이 가랑비처럼 내리던 어느 날
선물처럼 네게 온 아가야
서툰 엄마 품에서 잠든 모습이 얼마나 예쁜지
꿈을 꾸는 듯 기쁨이었단다

처음으로
엄마가 엄마의 마음을 알게 된 순간이었단다

사랑하는 딸아
잘해준 것 하나 없이
세월만 강물처럼 흘려보내고
어느새 잘 자란 내 딸이 시집을 간다는구나

가끔 하늘을 올려다볼 수 있는 여유와
이슬이 내려앉은 이른 새벽
맑은 시냇물 소리를 좋아하는 감성을 가진 내 아이

몇 해 전 너를 닮은 남자 친구를 데리고 와
쑥스럽게 미소 짓던 선하디선한 모습이
지금도 그림처럼 그려진단다

사랑하는 이정아!
마음을 다해 너의 결혼을 축하해 주고 싶구나

너의 행복이 이 엄마의 행복이기도 하단다
부디 잘 살거라

행복은 보이는 것보다 가까이에 있다

꼬물꼬물 올챙이 같은데
다리를 쑥 내밀고 쌔근쌔근 잘도 잔다

까르르 웃다가 빽빽 울기도 한다
눈이 제법 똘망해졌다

"아가야 까꿍" 하면
제 엄마 품에서 내게로 와 안긴다

너무나 작은 이 아이를 안고도
세상을 다 가진 듯해 울컥, 눈물이 난다

언제 배웠는지
도리도리 짐짐 짝짜꿍도 한다
만세도 하고 안녕도 해준다

발을 꼬고 앉아 있다가
소파를 잡고 일어나 다리를 건들건들한다
곧, 내 손잡고 걸음마도 하겠지

누군가에겐 가벼울 수 있는 일

내 아이의 아이
고사리 같은 손에

오랜 기다림 끝에 할아버지가 된 남편이
돌반지를 끼워준다

오월이 왔다

연못에 비친 열구름 한가로운 소리

좀개구리밥 연못에 기지개 소리

라일락 꽃내음 바람에 흩날리는 소리

아까시나무 주렁주렁 꿀 달리는 소리

청보리 성근 바람에 일렁이는 소리

오월은 또

가슴 벅찬 햇살로 다가와

내 마음 보드랍게 혹은 뜨겁게

장미꽃 붉어지겠지

구름이 하트야

큰아이 아침 출근길에
보내온 사진 한 장

"엄마 하늘에 하트가 있어
구름이 하트를 만들었네!"

큰아이는 나를 닮았는지
하늘을 좋아한다

"그러게 영락없는 하트네
근데 가만 보니 천사가 너에게 주는 선물 같아"

"아, 정말?"
딸아이의 목소리가 맑은 하늘이다

천사 구름이 내민 하트가
큰아이에게 보내주는
어여쁜 선물이길 기도해 본다.

양귀비 붉은 입술

경주 분황사 뒤뜰
개양귀비 꽃밭에

하마터면
세 살배기 아이가 될 뻔한
몸이 아주 많이 아팠던 복자가

꽃인 듯 그녀인 듯
하늘거리는 봄빛을 얼굴에 담고
양귀비 같은 붉은 입술로 웃고 있다

선덕여왕 숨결 분황사 모전석탑엔
그녀 소원 담은 연등이 붉어진다

땅콩이

2012년 3월생인 땅콩이는
13년이란 세월을 함께하고 있는 반려견이다

콩알처럼 동글동글 작은 모습이 귀여운 땅콩이
우리집 막내다

"땅콩"하고 부르면 깡충깡충 뛰어와 품에 안기는
그 모습이 너무 귀여워 야단도 못 치게 만드는 애교쟁이

이제 열세 살이 된 땅콩이

"주인을 닮았나, 짖지도 않고 착하고 순둥이네"
엘리베이터에서 만난 아래층 아주머니의 말처럼
착하고 예쁜 땅콩이

태어나서 처음 아팠던
얼마 전 받은 수술 자국이 선명하다

괜찮아

여름 재촉하던 빗방울 잦아들어
먼 금정산 산허리
비안개 살금살금 디딜 때면

넘쳐났던 온천천 인도와 자전거 도로가
마치 물청소한 것 같이 깨끗해졌다

며칠을 집에만 있던 강아지는
산책로 가장자리 풀잎 싱그러운 내음을
코로 담으며 엉덩이를 실룩거리다가
얼마를 못가 멈춘 발걸음

예전 같으면
신이 나서 한참을 달려갔을 텐데
이젠 걸음걸이가 느려진다

괜찮아, 이렇게 조금씩 나이 들어가는 거야

수미감자

친구가 보내온
수미감자 한 상자
정성껏 씻어 솥에 넣었다

감자가 익어가는 동안
찜솥 뚜껑에
방울방울 물방울 맺힌다

감자 캐는
친구의 이마에도
송골송골 맺혔을 땀방울

뽀얀 김을 뿜으며
친구의 마음처럼 감자가 익어간다

새벽 야시

아이들 등원 버스가 멀어질 즘
몇몇 아줌마들 시선이 멈춘 곳
"저기 새벽 야시 또 나가네,"

아파트 맨 끝동에 사는 숙이는
오늘도 뒷골이 뜨겁다

저 여자들의 상상력이란

남편과 아이들 보내놓고
일찌감치 말끔하게 차려입고
놀러나 다니다가 밤늦게 들어올 것 같아
새벽 야시라는 별명을 지어 부른단다

숙이는
늦게나마 꿈을 위해 새벽밥을 하고
집에도 먼지 한 톨 없이 해놓고 다니는
꿈 많은 만학도였다

수년이 지난 지금 대학 강단에서
저 여자들의 아이들을 가르치고 있다

햇살

해마다 사월이면
서운암 장경각 뜰에
만 송이 꽃이 핀다

이팝이 피고 황매화가 피고
부처꽃 불두화가 피고
금낭화 조로롱 매달리면
전국 문학인들 꽃 시화
연초록 바람결에 일렁인다

장경각 처마 끝 풍경소리
바람에 일러 준 시어
향기 한 줌 스쳐
댕그랑 햇살 반짝인다

갱년기

기분이
맑았다가 흐렸다가

얼굴엔
열꽃이 폈다가 졌다가

가슴속엔
쿵쿵 북소리 울어대고

식은땀 줄줄
흥건하게 적셔진 베갯잇

이 밤
또 이렇게
잠들지 못하는 몸이 운다

멍게의 유혹에 빠지다

갓 잡은 농어 한 마리
그 농어를 따라 나온 멍게

울퉁불퉁 유두가 달린 것 같은
붉은 껍질 벗고 드러낸 속살

작년 이맘때
멍게를 먹고 크게 탈이 났음에도

그 향긋한 유혹에
넘지 말아야 할 선을 넘어버린

결국, 또, 그 향긋한 유혹에 빠져
멍게처럼 뿜어내는

지독한 장염의 불편한 기억

빨래를 널다

요 며칠 태풍의 기척으로
우울했던 먹빛 하늘

모처럼 파란 바람이
뭉게구름 데리고 놀러 온 아침
툴툴 털어 빨래를 널었다

좁은 마음 가진 부끄러운 모습도 함께
툴툴 털어 널었다

밀양 단장면 계곡 바람
진하 해변 바닷바람
땅뫼산 숲속 바람

올여름 안면 터놓은 바람에
널어놓은 빨래가 살랑거린다

부디

초등학교 입학해서 첫가을운동회
얇은 실내화 신고 등교하던 날

"오빠야 발 시려"
"업어 줄까?"
"응"

세 살 아래 동생을 아기 업듯 업고
학교까지 간 오빠

더 어릴 적 겨울
"오빠야 나도 스케이트 타고 싶어"

꽁꽁 언 호수로 데리고 가
나무로 만든 스케이트
끌어주고 밀어주고

추운 줄도 모르는 스케이트 칼날에 그려지는
매초롬한 얼음꽃 그림

고학년 된 동생 공부 봐줄 땐
"이것도 못 푸나"
눈물샘 자극하는 꿀밤 한 대

그랬던 오빠가 지금 맥없이 아프단다

가피加被를 입다

초록이 내리는 초여름 저녁
서운암 장경각에
달빛 환하게 걸렸습니다

16만 도자 대장경 숨결
간절한 내 안의 기도
고이고이 접어둔 걸 다 아셨는지

바라고 바란 소망
내 아이에게 잉태된 새 생명의 사진 한 장
생일날 선물로 품에 안겨주십니다

장경각 풍경소리 달빛으로 흐르고
성파스님 반구대 암각화
고래 한 마리 달빛 속을 유영합니다

고개 숙여 두 손을 모읍니다

雪, 소금

병원 가는 길에 차창 밖으로
소금 같은 눈이 날리는 거야
3월 중순에 뭔 눈이 내리나 했지
안 그래도 아프니까 엄마 생각이 나더라구

엄마가 하늘에서
나 힘내라고 잠시 내려주셨나 하고
눈물이 찔끔 났어

나의 삶 끝 날까지
싱싱하게 살아갈게
바다 같은 엄마의 사랑
소금처럼 살아갈게

팥죽 한 그릇

어린 시절
어머니께서 익반죽한 찹쌀가루
고사리손으로 빚은 동글동글 새알심

보글보글 끓는 붉은 팥물 위로
새알이 동동 뜬다

입이 짧아 걱정인 늦둥이 딸
하나라도 더 먹일 생각인 어머니 말씀
"새알은 나이 수만큼 먹어야 내년에 학교 갈 수 있데이"

동짓날인 오늘
작은 암자에 올라
팥죽 한 그릇 앞에 두고
문득 어린 시절 생각이나
함께 온 딸아이에게 한 말

"새알심은 나이 수만큼 먹어야 내년에 시집갈 수 있데이"

재밌다며 깔깔거리는 딸아이 웃음소리에
어머니도 따라 웃으시는 듯
붉은 팥물 위로 뱅그르 물별이 뜬다

엄마의 마당

하늘 향해 날개 펼친 풋풋한 무화과나무
담쟁이가 벽을 타고 올라간 담장 너머로
고개 내민 덩굴장미 붉은 태양 아래 더 붉다

열린 대문 사이로 보이는 장독대 옆 우물가
물 길으러 온 뒷집 분이 엄마
채소 씻기에 바쁜 옆집 선이 엄마
동네 아낙네들 오래된 마실 장소
가끔 햇살도 내려와 쭈그리고 앉는다

꽃밭 한편에 담장 기대어 심어놓은 포도나무
올망졸망 매달린 햇살이 익어간다

반대편 구석 자리 닭장
방금 낳은 듯한 알은 짚 속에 숨겨 놓았고
입을 오물오물 토끼들 풀밭 먹기 한창이다

한가한 계절이 몇 번 바뀐 어느 해
집 뒤란에 감이 붉게 익어갈 때쯤

우물과 닭장과 과일나무가 사라지고
엄마의 손길 뜸한 너른 마당 한쪽에

새로 지은 집 한 채
위엄의 기세로 주인처럼 버티고 섰다

손 편지

"우뚝뚝한 철부지 막내딸이라 죄송합니다
내 엄마여서, 내 아빠여서 행복합니다
다시 태어나도 당신의 딸로 태어나서
친구처럼 살고 싶습니다"

그 어떤
선물보다
용돈보다

어버이날 아침
작은아이가 건네준
손 편지 한 통

별말 아닌 듯해도
꾹꾹 눌러 적은 진심에

카네이션 한 송이
뭉클하다

제4부
은행잎 지는 숲길에서

너를 사랑하는 방법은
너를 시들지 않게 물을 주는 것이다

깡통커피와 시인들

용두산 공원 백팔 계단 아래
빨간 파라솔이 예쁜 카페가 있다

그곳에 가면 가끔 시인들이 모여
깡통 머그잔으로 커피를 마신다

어시장의 비릿한 애환
시로 음미하는 자갈치 시인

어느 시인이 사 온 북한 과자 한 봉지에
어린 시절 추억 회상한다

산이 좋아
산사람 같은 시인

시집을 가는 딸에게 보내는 편지 읽다가
눈물 삼키는 애틋한 시인

빨간 파라솔이 예쁜 카페 깡통커피에
시인들의 향기가 난다

은행잎 지는 숲길에서

심란한 마음 안고 걷는
고요한 숲길
문득, 발길을 멈췄다

길섶 수북이 쌓인 노란 은행잎들
바람에 공중제비
얼떨결에 내 어깨에 내려앉는다

청명한 눈빛으로 내려다보는 하늘
말없이 따뜻하게
마치 다 알고 있다는 듯이

숨겨온 마음 들킬까 괜히 민망해
바보처럼 눈을 감았다

그래
이젠 괜찮아

툭! 툭!
가슴속 깊이 박힌 옹이
세월의 굳은살 나이테로 새긴 걸까

흩날리는 잎처럼
내 안의 무게도 조금씩 가벼워진다

Whiskey on the Rock

광안리 바닷길 지하 술집

그랜드 피아노와 첼로 한 대
차곡차곡 추억 남은 빛바랜 LP판
지지직거리는 소리 오히려 정겹다

"바다로 가자
파도는 우리의 발에 키스하고
신비로운 슬픔을 머금고
별들도 우리를 비추며 반짝이겠지!"

알렉세이 프레시케이코프의 시가
배경으로 깔려있는
차이콥스키의 사계 중 6월이 배를 젓는다

하얀 그랜드 피아노 건반이
우수의 촉감에 반응하고

중저음 첼로 연주와
무명 가수 재즈곡 흐느낌이
가슴속에서 머뭇거릴 때쯤

말끔한 양복을 입은 주인이 건네준
위스키 한잔이 얼음 속으로 스며든다

기장역 벚꽃

꽃구경 가고 싶다던 그녀가
기장역에 벚꽃 활짝 폈다고
보내온 사진 속 꽃 한 다발

봄비 후드득 지나간 푸른 하늘 아래
당당하게 봄 문 열고 나와선
오히려 수줍은 모습이다

꽃 한 다발 꽂아둔 꽃병

꽃잎 사이로 쏟아지는 햇살처럼
누군가의 마음 반짝인다면

봄바람에 화르르
바람난 꽃잎들 하얗게 날리어도
나는 좋겠다

느린 우체통

초가을 하늘 윤슬로 뿌려진 사천 바다
케이블카 타고 산 정상으로 올라가면
6개월 후에 소식 전하는
느린 우체통의 표정엔 정이 넘친다

젊은 청춘 한 쌍 설레는 표정으로 쓰는
사랑의 속삭임일 핑크빛 연서
서로의 마음이 머무는 주소를 잘 썼을지
느린 우체통은 문득 궁금해진다

사천 바다 그림 화려한 엽서에
조막만 한 섬들 징검돌 삼던 갯바람의 비릿함
향긋한 해국과 눈 맞추며
천천히 뒤따라올 지금을 내게 전송한다

연화리의 하룻밤

벚꽃 피어 환장하는 여자와
난분분한 꽃잎에 환장하는 여자
단단히 봄바람 났다

연꽃마을 펜션 창가
은은한 불빛 아래 놓인 술잔
편백 욕조 속 늙은 꽃 두 송이 물기를 머금었다

밤하늘 은하는
얇은 커튼 사이로 흐르고
꿈을 꾸듯 젖어오는 수컷의 붉은 향기

"아이고 물이 와이래 뜨겁노, 땀이 줄줄 흐른다."
벚꽃 피어 환장하던 여자가 눈치 없이 내뱉는 말
난분분한 꽃잎에 환장하던 여자의
불경한 환상을 깬다

밤늦도록
애꿎은 와인잔만 몇 번이나 더 붉어진다

무화과꽃

시장 과일가게 좌판
얌전하게 앉은 무화과

기억 저편 모퉁이
어린 시절 무화과 한 그루

바람 소리에도 수줍어
파란 하늘만 바라보다
붉어지는 마음 보일 듯 말 듯

들어내지 못한 그리움
속으로, 속으로만 삼킨 독백
속 꽃이 붉어져 간다

꽃 시절 없이 늙어버린
내 마음속 꽃
늘 소녀 같은 그 여인을 닮았다

봄

모퉁이에 작은 화원 앞
꽃들 재잘거리는 소리

빨강 카랑코에
하얀 신종 튤립
집으로 모셔 왔다

빈 화분에 옮겨 심으니
우리 집 강아지 코가 실룩실룩

에취
봄, 꽃 알레르기로 왔다

모꼬지

달무리 진
밤바람 부드러운 송정 바닷가

먼 길을 한달음에 달려온 얼굴들
기억해 주는 반가운 인사는 서로 애틋하고
따뜻한 숨결은 취기 어린 달빛을 마신다

달빛에 취한 기타 소리
죽도공원 숲길 따라 흐르다
초록물고기 가슴을 훑고 지나간다

축하객으로 따라온
난초, 부용芙蓉과 소월素月이
운 좋게 내 품에 안겼다

빗소리 따라 걷는 통도사

여름의 함초롬한 기척
절간 품어 안은 짙은 안개

우거진 송림 무풍한송길 따라
사찰 곁 흐르는 빗방울 머금은 동천

난간 없이 좁은 폭 소박한 돌다리 삼성반월교는
깨끗한 마음으로 살펴 건너라는 경봉 스님의 마음이련가

일주문 지나 천왕문 불이문
달구비 잦아드니 환해지는 배롱나무 붉은 그늘

눈길 머무는 용화전 앞 봉발탑
중생을 헤아릴 미륵부처님 넉넉한 마음 고스란하다

석등을 돌아 꽃살문 꽃송이 천년 바람결 대웅전
시선 너머로 좌선한 금강계단 사리탑

구룡지 꽃그늘에서 숨바꼭질하던 수련
비에 젖은 눈빛 그윽하다

을숙도에서

하루의 끝자락
강물은 말이 없다

도시의 소음은 멀리 물결에 씻기고
갯벌 위 백로 한 마리
바람도 느릿느릿 걷는다

철새는 계절을 등에 지고
떠났다 돌아오고
왔다가 떠나가고

사람도 마음도
오고 감이 자유로울 수 있다면

저녁연기

가을볕 내려앉은 시월 어느 날
벼가 누렇게 익어가는 학동마을

차곡차곡 쌓인 돌담 위로
인정스럽게 익어가는 대봉감

담쟁이가 줄지어 오른 담장 아래
맨드라미 붉은 융단 소담스럽다

최 씨 종가 안주인 닮은
펑퍼짐한 누런 호박 한 통
길손에게 내어주는 시골 인심

마을 지키는 당산나무에 달이 걸리고
시골집 굴뚝에 모락모락 밥 짓는 냄새

문득, 귓가에 들려오는 듯
어린 시절 어스름 저녁
골목마다 담장 넘는

철아~
숙아~
희야~

집마다 아이들 부르는
저녁연기 모락모락

노트북

생일이 다가오는 엄마에게
어떤 선물이 좋을지 물어보는 딸아이

"엄마, 현금이 좋아 노트북이 좋아?"
"음, 노트북이 좋지"

큰애가 쓰던 빨간 노트북
시집가면서 두고 간 느림보 거북이

입을 벌려 놓아도 입 다문 벙어리
마음이 좋을 땐 괜찮다가
급할 땐 숨통 터진다

"엄마, 그럼 용돈은 못 드리는데?"
"응응, 괜찮아"

딸아이 둘이 장만해 준
새침하게 생긴 하얀 노트북
입을 열자마자 벌써 수다스럽다

그래도 정이 들었는지 한쪽 귀퉁이
쪼그리고 앉은 빨간 느림보 거북이에게
자꾸만 눈길이 간다

그녀의 생일 케이크

하얀 생크림 위
딸기 가루가 붉은 꽃눈으로 내린 케이크
생과일 몇 조각 사이좋게 앉았다

철부지 십 대 어린 시절과
푸른 꿈 간직한 아리따운 숙녀

아내로서 엄마로서
맑은 미소 간직한 그녀

어려운 역경 다부지게 이겨낸
중년의 멋진 여자

내겐 반가운 첫눈 같은 여자
66세 그녀의 생일에 촛불 밝힌다

주식

연일 상승 중인 종목 하나
어깨에서 샀다

"머리에서 팔아야지"
빨간색 당찬 꿈

하루아침에 허리까지 뚝
손절은 이미 늦었다

물타기
또
물타기
겨우 배꼽이 보이는데

다시
뚝
발목이 퍼런 물속에 잠겼다

여기가 찐 바닥인가

고단한 하루

저물녘 어둠이 숨 가쁘게 밀려오고
웅크린 마음을 할퀴는 예상치 못한 말
날 선 칼날이다

누구도 내 안을 들여다보지 않고
무심한 눈빛으로 서늘한 말투로
가슴 깊은 곳을 벤다

비워진 마음 위로 쐐기처럼 박힌 말
벗겨진 자존의 껍질을 남몰래 감싸 준다

젖은 속눈썹 위로 별빛 내려앉고
잠들지 못한 밤은
깊어진 상처를 쓰다듬는다

이 밤이 지나 아침이 오면
그때는 괜찮아질까

알바 일기

찬비 내리는 시장 골목 안
이른 아침에도
장 보러 온 사람들로 부산스럽다

친언니 같은 언니가 하는 가게
제수 생선 포장하는 명절 대목 알바 몇 해

마주 보며 생선 파는 욕쟁이 늙은 여자
채소 파는 옆집 젊은 여자의 앙칼진 목소리
고막을 거슬리는 하루가 시작된다

오늘은 또
어떤 손님으로 인해 웃고
어떤 손님으로 인해 화를 참아야 할지

생선 포장할 한지를 정리하며
하루의 마음을 다잡아 본다

오해와 진실

너는 I이고
나는 E인가

너는 냉철하고
나만 우유부단한 걸까

너는 돌아서 갈 수 있고
나만 뒤돌아보는 걸까

내세운 각자의 입장
서로의 마음 뻔히 다 알고 있으면서

감천마을 파랑 주의보

바람은 골목을 쓰다듬고
햇살이 지붕 위에 앉으면

노랑 분홍 파랑
흩어졌던 마음들이 모여

좁은 골목마다
숨결 같은 시간의 조각들이
꽃처럼 피어난다

오래된 기억처럼
바람을 품고 살아가는 언덕
작은 창으로 스며드는 파랑이 묻는다

"당신의 하루는 어떠한가요?"

해설

재현의 미학, 일상 속에서 피어나는 연민의 꽃봉오리

정익진 |시인|

0. 재현의 원리

시인이라고 해서 우리가 생활하는 일상이라는 공간과 시간을 벗어난 존재가 아니다. 오히려 누구보다도 일상을 더욱 치밀하게 들여다보는 사람들이 아닐까. 매일매일의 새로움에 대한 갈망이 누구보다도 치열하기에 별 새로움이 없이 반복되는 일상이라 할지라도 시인은 이를 그냥 지나치지 않는다. 시인의 레이다 망에 포착된 어떤 것들, 그것들이 무엇이든 간에 의미를 따져 본 다음, 몇 날 며칠을 주머니 속에 넣고 만지작거리다 보면 서서히 안개가 걷히면서 가시화되기에 이른다.

가시화된다는 말은 널브러져 있는 일상을 한데 모아 윤곽을 잡아나가는 과정이다. 시가 말하고자 하는 바를 여러모로 살펴 메시지나 주제를 잡아나간다. 계절의 변화에 따라

서랍과 옷장 정리를 시작하듯, 지나온 흔적을 점검하듯. 일상(현실재현)에서 느낀 낯선 빛과 어둠과 거기에 상응하는 감정의 변화를 민감하게 포착하여 시의 완성에 다가간다.

  김지원의 시편들에서 먼저 눈에 띄는 것은, 모더니즘 계열의 시들에서 볼 수 있는 시적 난해성이나 모호성 등으로 인해, 시를 읽고 이해하는데 수반되는 해석상의 어려움이나 불편함에 대한 선입관을 불식시키고 있다는 점이다. 김지원의 시 세계가 지향하는 바는 무거운 주제를 고답적인 시 형식이나 구조 속에 담아내기보다는, 일상생활 속의 구체적인 시어와 진솔한 문체로 자연스럽게 시적 상황과 감정을 차분히 묘사하고 있어 시를 그다지 어렵지 않게 읽어 나갈 수 있다는 점을 들 수 있다. 시의 흐름이 시냇물이 흘러가는 듯, 일정한 곡선을 유지하며 따라가다 보면 어느덧 자신이 시의 세계에 발을 들여놓고 있음을 알게 된다. 김지원의 시편들이 어렵지 않게 읽힌다고 해서 그 시들이 가진 자장磁場을 벗어난다는 말이 아니다. 삶에서 벌어지는 다채로운 상황들을 어렵지 않게 표현하는 것이 오히려 얼마나 어려운지를 깨달을 것이다.

  말하자면 단순히 현실을 재현하는 것을 넘어 폭넓은 상상력과 사고의 깊이를 이용하여 또 다른 현실을 창조한다. 시간과 공간의 틀 안에서 끊임없는 변화 속에 가려진 대상의 '순수한 형상'을 포착하여 시적인 재현再現에 이르게 된다. 아리스토텔레스는 이러한 재현의 원리 속에서 예술적

모방(미메시스)과 재현의 본질을 밝힌 바 있다. 존재하는 모든 것에는 변치 않는 본질이 있다는 믿음을 가진 시가 바로 김지원의 시이다.

1. 창밖의 시선과 사각지대

시는 어디서 출발하는가 물었을 때 가장 신뢰가 가는 표현이 있다. 구상 시인이 말한다.

"시는 '연민憐憫/Sympathy에서 출발한다"라고. 연민은 타인의 고통이나 안된 상황을 보고 안타깝고 가련하게 여기는 마음이다. 의미상으로 맹자의 사단설 중 한 가지, 측은지심惻隱之心과 가장 밀접하다. 단순히 동정심을 느끼는 것보다 적극적으로 타인의 고통을 덜어주려는 의지를 포함한다. 연민은 인간이 느끼는 감정 중에 가장 인간적인 감정이다.

현재 미국의 정치철학자 마사 누스바움(Martha Nussbaum, 1947년)은 연민이 발생을 위해서는 네 가지 조건이 충족되어야 한다고 주장한다. 첫째, 상대방의 고통이 충분히 심각한 것이어야 한다. 둘째, 그 고통이 스스로가 아닌 타인에 의해 유발된 것이어야 한다. 셋째, 그 고통이 나의 삶에서도 일어날 가능성이 있다고 생각되어야 한다. 넷째, 그 사건이 나의 행복에 영향을 미치는 중요한 것이어야 한다. 여기서 유사한 발생 가능성에 대한 판단은 우리가 경험을 공유하지 않는 타인들에게까지 관심을 갖도록 해주는 역할을 한다.

  이러한 점들을 미루어 연민의 감정은 개인에 따라 아주 미묘한 차이가 있다는 견해에도 공감이 간다. 김지원 시인의 연민에 대한 촉수는 매우 민감하다. 불가능한 각도에서도 골대 속으로 골이 들어가듯이 예상할 수 없는 지점에서 연민이 발생한다.

> 유난히 창밖이 투명한 오후
> 사무실 건너편 베란다 늘 널려있는 빨래
> 낡고 헤진 바짓가랑이에 시선이 걸린다
>
> 멋도 없이 배만 불룩 나왔을 거 같은
> 걸린 옷의 주인을 대충 그려보다가
> 부질없는 생각을 빨랫줄에 걸쳐 놓았다
>
> 사무실 화단 동백잎은
> 눈물이 마른 창백한 얼굴을 숙인 채
> 바닥에 널브러져 있는 꽃잎 내려다보며 하릴없다
>
> 그런 동백을 바라보다
> 나도 도리없이
> 허공으로 멍한 시선을 걸쳐놓았다
>   -「시선을 걸쳐놓다」 전문

옷가지들을 빨랫줄에 걸쳐놓는 행위는 너무나 일상적이고 당연한 표현이다. 그러나 시인은 옷가지를 걸쳐놓는 것이 아니라 빨랫줄에 시선을 걸쳐놓는다는 표현을 사용함으로써 묘한 시적 감흥을 자아낸다. 시선을 걸쳐놓은 다음 급기야는 생각마저 걸쳐놓음으로써 자유로운 상상의 세계를 마음껏 횡단한다. 인용시의 분위기는 그야말로 평화로운 일상이다. 투명한 창밖으로 침대 몇 개가 구름 사이로 떠다니는 환상이 보일 만큼 아무런 고통이 느껴지지 않는 시간 속에서의 시의 발견이다. 위의 시에서도 연민의 감정이 그늘 속에서 꽃이 피듯 피어오른다. "낡고 해진 바짓가랑이에 시선이 걸린다", 와 "눈물이 마른 창백한 얼굴을 숙인 채" 이러한 문장들을 미루어 보아 연민의 감정이 시의 출발이란 것을 여실히 느낄 수 있을 것이다. 또한 인용시는 특별한 긴장감 없이도 시가 성립될 수 있음을 뚜렷이 증명한다.

거동이 불편한 노모와
거동이 더 불편한 아들이 살아온 판잣집

빈곤한 세간살이가 음침하다
끼니는 언제 챙겨 드셨는지 흔적조차 없다

거동이 불편한 늙은 자식을 수십 년 세월 돌보다
그만 자리에 몸을 누이신 노모

어떻게 눈을 감으셨을까?

차마 가시는 길
신겨놓은 마지막 양말은
홀로 남은 아들을 지켜주지 못했다

뉴스로 확인하는 가슴 아픈 두 주검

아무도 관심을 두지 않은 판잣집엔
채 잠그지 못한 수돗물만이 쫄쫄쫄
합동 장례를 알리고 있다
　　　　　　　　　－「사각지대」 전문

　마치 추사 김정희의 '세한도'에 그려진 앙상한 나무를 보는 듯하다. 하지만 위의 시는 가난과 궁핍을 넘어서 죽음에 이르는 '사각지대'를 표현하고 있다. 장애인 자식을 휠체어에 태우고 길을 가는 늙으신 부모를 보는 것보다 더 가슴 아픈 상황이 펼쳐진다. 그야말로 어떠한 도움의 손길도 닿지 않는 사각지대에서 쓸쓸하게 생을 마감한다는 이 상황을 우리는 그냥 보고만 있어야 하는가. 양지에서 음지로 고립된 상태, 그래서 혼자 쓸쓸하게 사라지는 것, 고독사孤獨死 문제는 여전히 우리 사회에 어두운 그림자를 짙게 드리운다. 우리의 주변을 둘러보면 사회적으로 고립되어 손길이 닿을 만한 지인이 없어 고통 속에 세상을 등지는 경우가

종종 발생한다. 사람의 발길이 전혀 닿지 않는 어둠 속에서 고인이 오랜 기간 몸부림친 흔적을 발견할 수도 있다는 소식에 가슴을 쓸어내릴 뿐이다. "아마 쓰러진 후 의식은 있지만 주변에 도움을 요청하지 못하고 서서히 죽어간 것 아닌가 추측된다"라고 했다.

우리는 그 누구도 찾을 수 없는 곳에 그들을 버려두고 뒤돌아 오는 발길들인가. 시 속의 두 사람에게는 개인적인 삶을 영위할 어떠한 기회도 주어지지 않았고 남은 것은 거동이 불편한 몸으로 거친 세파를 견뎌내야만 하는 냉혹한 현실뿐이었다. 인용시는 이웃이 건네는 손길이 차단되어 그저 무력하게 이 세상에서 사라질 수밖에 없다는 냉엄한 현실을 간결한 시적 언어로 전달한다. 역시 연민이 깊이 관여하고 있는 시편이다. 또한 사회적 경각심을 불러일으킨다는 점에서 문제적 시편이 아닐 수 없다.

그럼에도 불구하고 우리는 살아남은 자의 무거운 슬픔을 감내하면서 얼음과 눈이 녹기를 기다린다. 앙상한 가지의 숲속으로 겨울 동물들의 꼬리가 사라지고 봄이 온다. 무슨 일이 있어도 봄은 오는 것이다. 연민의 시선을 잠시 거둔 뒤에는 햇살 속으로 걸어가는 사람을 만날 것이다.

2. 벚굴과 봄볕

　벚꽃 터질 때쯤
　섬진강엔 벚굴 꽃이 핀다

강물과 바다가 만나는 물속
뽀얀 속살 내 보이며 유혹하는 몸짓이
벚꽃을 닮았다 하여 벚굴이란다

내 손바닥보다 큰 벚굴 하나
연탄불에 구워 한 입 베어 물면
꽃잎 따다 입에 문 듯 은은한 향
입속으로 벚꽃 한 송이 핀다

누가 다녀갔을까
어느 절간 앞마당에 있을 돌탑 옮겨 놓은 듯
마당에는 벚굴 껍질 탑을 쌓아놓고

꽃바람 지나가는 봄날
섬진강 기슭에 벚굴 향 파문이 인다

-「벚굴」전문

 계절 음식을 챙겨 먹을 여유를 가져본다. 벚굴이 뭐지. 벚꽃 필 무렵의 별미 '하동벚굴'을 말한다. 알만한 사람은 알만한데 처음 들어보는 이름이다. 벚꽃과 벚굴이라는 말의 묘미가 먼저 구미가 당긴다. 알고 보니 굴이다. 석화와 먹는 방법이 비슷하지 않을까 생각한다. 입안 가득 한입 베어 물면 벚꽃 향과 함께 벚꽃이 피어난다고 말한다. 당장에라도 달려가 먹고 싶은 충동을 느낄 만큼 미각을 자극한다.

석화石花는 말 그대로 돌에 핀 꽃이다. 돌에 붙어 자라는 굴 껍데기의 희끗희끗한 부분이 어두컴컴한 바닷속에서 보면 마치 바위에 핀 흰꽃처럼 보인다고 해 석화라는 이름이 붙었다. 요즘엔 바다에서 나는 자연산 굴을 맛보기가 어렵다. 양식으로 키운 굴을 저렴한 가격으로 많이 먹을 수 있게 됐지만 자연산을 따를 수는 없다. 그래서 벚꽃이 흐드러지게 피는 이맘때가 되면 자연산 굴을 먹기 위해 바다가 아니고 강으로 간다. 위의 시는 단순히 미각의 표현에 머무르지 않고 봄이란 계절이 가진 에너지를 강조한다. '봄기운'이 대지를 휘돌고 있다.

바람이 흐르는 숲 속에서 가만히 눈을 감아보면 그 봄기운을 느낄 수 있다. 피부에 와닿는 바람의 느낌이 상쾌하고 부드럽다. 세포에 스며드는 미세한 파동이 마치 봄이 되었으니 깨어나라는 말소리처럼 들려온다. 숲을 찾아, 봄볕을 찾아, 꽃을 찾아, 길을 나선다.

    벚꽃잎 바람에 날려
    꽃비 난분분한 길을 걷다
    금잔화 차향 은은한 찻집에 마주 앉아

    연분홍 립스틱이 잘 어울리는
    그녀의 봄볕 이야기 들으며 벙글거리고 싶다
                             -「봄볕」부분

여성들의 전유물인 화장, 물론 화장하는 행위가 계절에 관계는 없지만 왠지 봄과 가장 잘 어울릴 것 같다. 시속의 내용대로 적당하게 따듯한 물로 샤워하고 옅은 향수 살짝 뿌리고, 연분홍 립스틱 바르고 친한 친구를 만나게 되면 얼마나 행복할까. 한 폭의 그림이 그려지지는 시편이다. 小確幸소확행, 말 그대로 일상에서 확실하게 누릴 수 있는 작은 행복이다. 하지만 산다는 일은 육체적으로 혹은 정신적으로 시련을 맞는 일이기도 하다. 우리가 인생을 살아가는 이상 난관을 피하기는 어렵다. 정신이 육체를 지배한다지만 육체가 너무 고통스러울 때는 정신마저 약해질 수 있다는 말이 허황된 표현은 아닐 것이다.

3. 병고病苦와 숲의 울음

밤새 모래알을 털어내다가
눈을 떴습니다

낙동강 하구
붉게 타오르는 낙조에 물든 모래톱이
얼굴에 생겨났습니다

귀 앞쪽과 뒤쪽으로
도요등과 백합등이 자리를 잡고
신자도와 장자도와 대마등이

목선을 타고 차례차례 앉았습니다

철새들이 모이를 쪼아 먹는지
간질간질 따끔따끔합니다
내 손이 자꾸 모래톱을 찾습니다
　　　　　　－「대상포진을 앓다」 전문

　대상포진은 육체적 병고다. 고통스럽다. 피부 주변에 붉은 반점이 나중에는 수포로 변한다는데 한 군데만 집중되는 것이 아니라 피부 전체로 번진다. 이 수포는 신경 줄기를 타고 생성되는 것이기 때문에 건드리면 화끈거리면서 통증을 수반한다. 이상과 같은 여러 증상을 시인은 여러 자연물에 빗대어 육체적 고통을 표현한다. 굳이 건드리지 않아도 아프다. 바늘로 콕콕 찌르는 듯 아픈 것을 시인은 "철새들이 모이를 쪼아 먹는지"/ "간질간질 따끔따끔합니다."로 표현한다. 이같이 낮과 밤 가리지 않고 통증이 나타나 불면의 밤을 보내야 한다. 이 증상과 연결되는 부분이 "밤새 모래알을 털어내다가"/ "눈을 떴습니다"로 이어진다. 겪어본 사람들은 알 것이다.
　육체적 고통을 정신적으로 이겨내기란 쉽지 않다. 고통을 감내하면서 시 한 편을 건져 올리는 시인의 정신력이 놀라울 따름이다. 마치 감옥이라는 열악한 환경에도 깊은 사색을 게을리하지 않고 창문 틈에 쌓인 흙먼지에 수분을 주어 새싹 한줄기를 피워 올리는 구도자의 모습을 떠올리게 된다. 대상포진이 육체적인 병고라면 외로움이나 고독은 정신적인 병일 것이다. 마음의 상처 혹은 방황을 의미한다. 아름답지만 슬픔으로 가득한 숲 속으로 발길을 옮긴다.

숲은 오래전부터 울고 있었다
아무도 듣지 못했을 뿐
바람은 말을 잃었고
하늘은 검게 꺼져가며
마침내 비가 내렸다

빗방울은 나무의 기억을 두드린다
수십 년 수백 년 전의 침묵이
잎맥을 타고 내려와
뿌리 밑 어둠에 스며들고
나는 그 위에 서 있다

사라진 이름처럼
말라버린 목소리처럼
진창으로 변한 숲길을
신음처럼 밟으며 걷는다

무너진 나날들 말끝마다 삼켜낸 외로움이
땅의 숨결 속에서 되살아난다
나뭇잎은 죽은 별처럼 흔들리고
돌은 무덤처럼 젖어간다

나는 그 속에서
가볍지도 견딜 수도 없는
비로소 진실해진다

그리고 안다
이 숲이 나를 기억하지 않아도
이 빗속에서
잠시나마 살아 있었다는 것을
      - 「비의 숲 그리고 고독」 전문

 인용시는 서정시가 요구하는 모든 요소를 충족하고 있어 완벽에 가까운 시의 전형을 보여준다. 우리에게 시적 충만감을 주며 시의 아름다움을 마음껏 만끽할 수 있는 수작이라 여겨진다. 외로움이나 고독은 편안한 감정도 아니고 마음의 평화를 느낄 수 있는 그러한 상황을 제공하지 않는다. 그럼에도 왜 인간은 슬픔에 이끌리는가. 그것은 인간의 감정 중에 슬픔이 가장 공감력이 크기 때문이다. 그래서 우리는 비극을 선호한다. 하물며 셰익스피어의 작품들 중에 희극도 더러 있지만 고전 반열에 든 작품들은 모두 비극이다. 햄릿, 오델로, 맥베스, 리어왕은 셰익스피어의 4대 비극인 동시에 시공간을 초월하여 고전의 제일 윗자리를 차지함으로써 이를 증명한다.

 인용시의 시적 화자는 누구도 위로해 줄 수 없는 외로움과 고독의 최전선에 놓여있다. 큰일이 나도 단단히 난 게

아닌가 염려스럽다. 거기에다 비까지 추적추적 내린다. 첫 문장부터 눈길을 사로잡는다. "숲은 오래전부터 울고 있었다" 그러나 이 숲의 울음을 아무도 듣지 못한다. 숲이 운다는 것은 시적 화자 즉 시인 자신이 운다는 말이다. 그러므로 시인과 숲은 동일선상에 놓인다. 이른바 '동일성의 시학'을 적용할 수 있겠다.

"동일성의 세계란 시적 주체와 세계가 하나로 혼융된 이상적인 상태를 말한다. 근대 이후 동일성의 세계는 유토피아의 세계로서, 신과 인간과 자연이 조화를 이루며 존재하는 선험적 고향, 곧 근원을 지칭한다. 이 선험적 고향은 불안전한 현재를 비판하고 개혁할 수 있는 미래적 지표로 기능한다. 서정시가 계속 쓰이는 것은 서정적 열망, 바로 동일성에 대한 꿈이요, 통합에 대한 바람이다."

- 최승호의 『시와 동일성』 중에서

육체적 고통이나 정신적인 방황도 끝이 있게 마련이다. 우리는 순환의 원리에 따라 생성과 소멸, 기쁨과 슬픔 그 외의 감정들이 피었다가 사라지는 삶을 살아간다. 베란다라는 사소하고 작은 공간에서 기린 한 마리가 창문 밖으로 그의 목을 길게 늘어뜨리고 있다.

4. 꽃기린과 옛집

볕 잘 드는 베란다 창가에 둔
샐빛처럼 온 선물 하나

뾰족뾰족 가시 돋은 긴 줄기 끝
애틋한 꽃망울
청순한 눈빛의 꽃기린이다

창을 반쯤 열어 놓자
바람결 묻어오는 평원의 기억에
목 길게 빼고 엉거주춤하다

원시의 방목을 동경하는
희고 푸른 눈망울
고난의 깊이를 가늠할 수 없다

오늘 밤 꽃기린 한 마리가
봄 속으로 들어왔다

ー「하얀 꽃기린 타고」전문

이름 때문에 그런지 자꾸 기린을 연상케 한다. 꽃이 기린과 비슷한 뭐가 있는가 했는데 그렇지는 않을 것 같다. 그러나 시의 내용에서는 꽃이 평원의 기억이라든지, 목을 길게 뺀다든지 흉내 내며 기린의 흉내를 내는 것 같아 재미있다. 결국은 베란다에 꽃을 키우는 것이 아니라 기린 한 마리를 키운다는 줄거리이다. 흥미로운 발상이 아닐 수 없다. 어떻게 보면 일상에서 별다를 것이 없는 한순간을 포착한 것처럼 보이지만 발상의 전환을 자연스럽게 가져오는 일이란 그리 쉽지는 않다. 시는 창의적 발상에서 다가온다. 이는 기존의 틀에서 벗어나 이전과는 다른 세계를 받아들여 새로운 가치를 찾아내는 탐구 정신이다. 이른바 시의 정신이다. 기존의 사고방식에서 벗어나 새로운 관점으로 건너뛰는 불연속적인 양자 이동, 말하자면 한 형태에서 다른 형태로 변용되는 발상의 전환을 말한다.

이제 시인의 시선은 현실이 닿지 않는 저 너머의 세계보다는 지금 내가 맞닥뜨리고 있는 현실, 설사 그 순간에 힘든 상황이 펼쳐진다 해도 현실을 직시하고 정면 돌파한다. 그리고 시적 발상의 힘으로 시를 마무리한다. 이러한 요소들이 시를 쓰게 하는 원동력이 아닐까 생각한다. 앞서 죽 언급해 왔지만 시를 쓰게 하는 원동력은 연민에서 발생한다. 연민의 근원은 어디에서 출발하는가. 누구에게나 어머니만큼 연민을 자아내게 하는 존재는 없지 않을까.

어머니의 따뜻한 손길이 내 손을 잡는다.

하늘 향해 날개 펼친 풋풋한 무화과나무
담쟁이가 벽을 타고 올라간 담장 너머로
고개 내민 덩굴장미 붉은 태양 아래 더 붉다

열린 대문 사이로 보이는 장독대 옆 우물가
물 길으러 온 뒷집 분이 엄마
채소 씻기에 바쁜 옆집 선이 엄마
동네 아낙네들 오래된 마실 장소
가끔 햇살도 내려와 쭈그리고 앉는다

꽃밭 한편에 담장 기대어 심어놓은 포도나무
올망졸망 매달린 햇살이 익어간다

반대편 구석 자리 닭장
방금 낳은 듯한 알은 짚 속에 숨겨 놓았고
입을 오물오물 토끼들 풀밥 먹기 한창이다

한가한 계절이 몇 번 바뀐 어느 해
집 뒤란에 감이 붉게 익어갈 때쯤
우물과 닭장과 과일나무가 사라지고
엄마의 손길 뜸한 너른 마당 한쪽에

새로 지은 집 한 채
위엄의 기세로 주인처럼 버티고 섰다
　　　　　　　　　　-「엄마의 마당」전문

　우리가 살았던 옛집, 그 기억 속의 얼굴들이 아지랑이처럼 피어오른다. 엄마를 만나러 가는 길에 떠올려보는 그 당시 동네 주변의 풍경들, 무화과나무, 장독대, 우물가, 닭장,

그리고 집 뒤란의 감이 붉게 익어갈 무렵을 떠올려보는 순간, 새로 지은 집 한 채가 지나간 시절의 그리움과 추억을 가로막는다. 담 너머로 본 것이 신기루같이 느껴진다. 풍성했던 엄마의 마당은 더는 존재하지 않는다. 그 시절 엄마와 이웃했던 분이 엄마, 선이 엄마, 그 외 동네 아낙들에 대한 화자의 연민 어린 눈길이 느껴진다. 지금쯤 그분들은 어디에 계실까.

"열린 대문 사이로 보이는 장독대 옆 우물가"처럼 우리의 옛집은 꽉 닫힌 공간이 아니라 활짝 열린 공간이었다. 그래서 위의 시에 나타난 등장인물들처럼 집 밖의 이웃과도 언제든 만날 수 있었다. 화자의 집도 마찬가지이다. 앞서 언급했던 "물 길으러 온 뒷집 분이 엄마", "채소 씻기에 바쁜 옆집 선이 엄마",를 비롯해 동네 아낙네들이 모여들었던 사랑방이었다. 어른이 된 다음, 우리의 어린 시절을 더듬어 고향의 옛집 주변을 아주 천천히 걷는다. 걷다 보면 세상살이 욕심만 가득했던 우리의 마음속에 그 당시 인정이 넘쳐났던 이곳을 너무 오래 잊고 살았다는 것을 깨닫게 될 것이다. 엄마의 너른 마당은 언제든지 달려들어 안길 수 있는 엄마의 따뜻한 품이다.

  우리의 매일 매일은 삶의 현장에서 사람들과 부대끼며 살아가는 시간이다. 삶의 현장은 언제나 활기와 아기자기한 서사가 넘쳐나는 곳이다.

5. 기장시장과 통도사

새벽 샐빛 받으며
대목장이 열리는 기장시장 상인들의
손놀림이 바쁘다

방금 목욕하고 나온 생선과
물기를 적셔놓은 채소는
촉촉하게 하루를 시작하고

고무대야 속 해물들은
연신 공기방울을 뿜어내는 산소통을 의지하며
아침을 연다

먹구름이 데리고 온 소낙비에
시장 골목엔 시냇물이 흐르고
민주네 문어 한 마리 탈출을 시도한다

내가 아주 어릴 때
집 옆으로 나 있는 골목에 비가 내리면
조막만 한 발뒤꿈치를 맞대고
흘러가는 빗물을 가두고 서 있었다

그때 빗물이 모인 그곳에
고래 한 마리 데려다 놓고 싶다는

꿈을 꾸곤 했었다

오늘 나는
큰 발뒤꿈치 맞대고 서서
빗물에 탈출한 문어 한 마리 가두었다
-「기장시장에서」전문

부산 중구의 자갈치 시장 못지않게 기장군에 위치한 기장시장도 삶의 에너지가 넘쳐나는 삶의 현장이다. 날씨가 흐리거나 우울한 기분에 사로잡힐 때도 활기가 넘쳐나는 이곳 시장에 발 들여 놓게 되면 잃었던 생기를 되찾는다. 기장시장은 대규모 상설시장이다. 일반적으로 보통 게와는 쨉도 안되게 큰 빅사이즈 '대게'로 많이 알려져 있다. 뿐만 아니라 싱싱한 물고기와 각종 해물을 비롯하여 풍성한 먹거리가 진수성찬처럼 차려져 있어 이곳 주민들은 물론 외지 방문객들의 발걸음이 구름처럼 몰려드는 명소이다. 기장시장에 관한 또 한 편의 시 '알바 일기'를 보면 알 수 있듯이 화자는 이곳 기장시장으로 명절 때마다 지인을 돕기 위해 일급 제수용품인 생선판매 알바를 맡게 된다.

이런 와중에도 시인은 새벽부터 일사불란하게 움직이는 명절 시장의 모습을 그려내고 있다. 민주네 가게 문어 한 마리가 탈출을 시도한 모양이다. 어시장에 가면 가끔 고무다라이(대야의 일본식 표현)에 담아 놓은 물고기가 튀어나와 길바닥에서 파닥거리는 광경을 목격할 수 있다. 이런 순간이 시의 순간이다. 시인은 순간을 놓치지 않고 자신의 어린 시절을 떠올린다. 비 내리는 날 빗물을 막아서서 '고래' 한 마리 잡히기를 기다리는 꿈을 꾸게 된다. 어린이다운 발상이 아닐 수 없다. 무엇에도 길들지 않은 아이의 마음이 시인의 시선이 다. 어른이 되어가는 과정에서 우리는 일정 부분 획일적인 사고방식을 강요받는다. 획일적인 사고로는 아무것도 창조할 수 없다. 그런 의미에서 시와 예술은 자유다. 그 시절이 문득문득 떠오르는 시인의 시선 속에 연민이 꽃처럼 피어오른다.

  시끌벅적한 시장을 벗어나 고요가 쌓이는 곳으로 방향을 잡았다. 길을 나서니 벌써 계절이 바뀌었다. 시인이 자주 가는 듯한 통도사, 이미 눈이 내린다.

    통도사에 눈 내리는 소리를 들어본 적 있나요

    땅과 하늘 사이 아득한 틈
    영혼과 육신의 틈
    잡념과 평온, 그 사이로 눈이 내립니다

    자장매와 만첩홍매와 분홍매 언 가지에
    송이송이 눈꽃
    뭇 중생 헤아리는 마음인 양
    용화전 앞 봉발탑에 고봉으로 앉습니다

하얀 숨결 내쉬며
금강계단 바라보며 합장을 올립니다

손가락에 닿은 눈처럼
구룡지에 녹아
이듬해 수련으로 곱게 피어날 것입니다
　　　　　　　－「눈꽃, 속내를 읽다」 전문

　고요에 닿기 위해 우리는 얼마나 오랜 시간 방황을 거듭해야 하는가. 얼마나 오랜 시간 영혼의 상처를 달랜 다음 고요에 닿는가. 눈이 내린다. 시의 탑 위에도 눈이 내린다. 위의 인용시가 왜 시로 쌓은 탑으로 보이는가. 마음으로 시를 쌓아가기 때문일 것이다. 사람 위에 군림하지 않고 연민의 시선을 가지고 시인은 내면을 쌓아간다. 그래서 말소리가 없다. 소리하지 않는 시이지만 침묵만을 고집하지 않는다. 시인이 들려주고 싶은 소리는 눈이 내리는 소리다. 눈이 내리는 소리를 들어본 적이 있는가. 눈이 내리면 주변은 더욱 고요해짐을 느낄 수 있다. 모든 소음이 눈 속으로 흡수되는 듯하다. 사찰의 이곳저곳에도 눈이 쌓인다. "송이송이 눈꽃"/ "용화전 앞 봉발탑에 고봉으로 앉습니다" 이와 같이 산사에 쌓여가는 눈을 바라보며 눈 내리는 소리를 듣는 일이란 마음속에 영혼의 아름다움을 쌓아가는 일이라는 것을 위의 인용시는 말하는 듯하다. "영혼과 육신의 틈"으로 눈이 내리면 영혼과 육체의 합일이 이루어지지 않을까. 마음의 정화작용을 가져다주는 맑고 순수한 시편이라 생각한다.

 사람은 누구나 이별을 맞이해야 하는 숙명적인 존재이다. 최종적으로는 시간과 공간과의 이별에 이르게 된다. 사람과의 이별은 사람들의 얼굴이 다른 만큼이나 그 사람의 느낌과 생각하는 바가 다르다.

6. 석별과 억새 바람

> 머뭇거림은
> 집착의 또 다른 이름이고
>
> 이별은
> 때로 삶이 건네는 물음이다
>
> 이미 떠나기로 한 존재 앞에
> 눈물은 무력하고
>
> 미련은
> 시간을 부정하려는 마음의 반역이다
>
> 닻을 올린 배를 향해
> 고요한 미소로 손을 흔들라
> 사
> 람
> 아
>
>   - 「석별」 전문

석별은 애틋함이 가미된 이별을 말함이다. 단순히 작별한다는 의미를 넘어, 그 이별의 순간에 느끼는 깊은 정이나 슬픔을 동시에 표현한다. 헤어지기를 주저하는데 이별해야 하는 상황이라는 것을 짐작할 수 있겠다. 잡고 있던 서로의 손이 떨어져 각자의 주머니로 들어가는 순간이 안타깝지 않을 수가 없다. 사람들은 세상과 눈을 마주치면서부터 만남과 이별을 반복하며 살아간다. 부모님과 만남이 첫 번째이다. 다음이 형제자매, 그리고 사회생활을 하며 만나게 되는 인연들이다. 물론 스쳐 지나가는 인연도 수없이 발생한다. 회자정리會者定離란 말이 있다. 만난 사람은 반드시 헤어진다는 뜻이다. 자연의 순리다. "미련을 갖게 되는 것도 '인지상정人之常情'이지만 이미 떠나기로 한 존재 앞에"/ "눈물은 무력하다"라고 피력하기에 이른다.

바람을 따라 고요에 이르는 길을 걷는다. 바람이 불고 억새가 흔들린다.

    바람이 분다
    제주 섯알오름 언덕 위로
    억새는 흔들리며
    무언가를 말하려 하지만
    입을 다문 건 오래전 사람들이다

    이곳엔 말 없는 눈물 무덤이 있고,
    이름조차 부르지 못한

그날의 아이들과 어머니가
산으로 오른 발걸음이
바위틈에 아직도 숨어 있다

초가을 햇살이 너무 밝아
그림자마저 죄스러워
차마 깊게 드리우지 못하고
발끝으로 조용히 걷는다

검은 눈물을 삼켰을 섯알오름
그러고도 푸르른 풀을 피우는
그 강인함 앞에
한 줌의 침묵으로 선다
　　　　　　－「검은 기억 위에 피는 바람」 전문

'검은 기억'이란 빛나는 순간과 대조를 이루는 의미라고 짐작해 본다. 사람마다 차이는 있겠지만 삶을 살다 보면 기억이나 행복한 순간보다는 불행을 마주하거나 좋지 않은 결과에 이르는 경우가 다반사다. 인용시에 나타난 시인의 심정은 어둡고 심란하다. 어지러운 마음을 간추리기 위해 바람 부는 섯알오름 언덕 위에 올랐을지도 모를 일이다. 초가을이다. 흔들리는 억새밭을 거쳐 눈물 무덤을 지나 어떤 아이들과 그 어머니의 발자국이 바위틈에 숨어 있다고 시인은 말한다. 무슨 사연일까. 시의 분위기로 보아 좋은 기억은 아닌 듯하다. 억새는 무엇을 말하려 했을까. 입을 다문 오래 전의 사람들은 누구일까. 이런 상황들로 보아 시적 화자의 내면은 복잡하고 긍정적이 사고를 하기에는 힘들어 보인다. 핵심이 되는 문장은 3연이다. 내용으로 미루어 보아 어떤 죄책감이 화자의 마음을 무겁게 한다고도 볼 수 있다. 그러므로 "그림자마저 죄스러워"/ "나는 발끝으로 조용히 걷는" 상황에 이른다.

　결코 김지원의 화자들은 결코 타자를 원망하지 않는 삶의 태도를 지닌다. 윤리적이다. 윤리에 민감한 성향이다. 타자에 대한 연민의 념念이 없이는 윤리는 발생하지 않는다. 윤리적인 삶은 개인의 행동과 사회적(타자) 규범을 아우른다. 나의 그리고 너의 행복뿐만 아니라 사회 전체의 조화와 발전에 공헌한다. 윤리의식과 함께 연민의 힘으로 다른 존재의 고통을 위무한다. 연민과 윤리의식은 인간이라는 공간에서 공기와 같으며 삶의 정의正義다. 타인의 삶을 방해하고 욕망의 극대화로 치달을 수 있는 인간의 자유의지와 타인의 존재를 존중한다. 정의는 필연적으로 윤리를 동반한다. 윤리는 '인간이란 어떤 존재인가'하는 철학적 물음을 던진다. 그것이 김지원의 시이다.

　따라서 김지원의 시는 일상에서 발생하는 재현의 원리를 통하여 윤리적 삶을 조용한 목소리로 표현한다. 슬픔과 외로움으로 인하여 오히려 시인은 고요에 이르고자 한다. 버림받거나 내팽개쳐진 존재들에게 끈질긴 연민의 시선을 보낸다.

  어디선가 인기척이 난다. 시선을 돌린다. 눈썹이 길고 아름다운 눈동자를 지닌 꽃기린 한 마리가 목을 길게 늘어뜨리고 나를 한참이나 쳐다본다.

  시집 『오늘밤 꽃기린』에 오랫동안 갈채를 보낸다.

김지원 두 번째 시집
오늘밤 꽃기린

인쇄: 2025년 8월 13일
발행: 2025년 8월 20일

지은이: 김지원
펴낸이: 최경식
펴낸곳: 청옥출판사
인쇄처: 세종문화사

출판등록 제10-11-05호
E-mail: sik62001@hanmail.net
전화: 051-517-6068
값 12,000원

ISBN 979-11-91276-83-1 03810

본 도서는 2025년 부산광역시, 부산문화재단〈부산문화예술지원사업〉으로 지원을 받았습니다.

* 이 책의 무단전재 및 복제행위는 저작권법에 의거, 처벌의 대상이 됩니다.